Deux Arabesques

I

Primo Tempo
17
21
a tempo
p e rit.
p e rit.
25
a tempo
29
cresc. e poco mosso
R.H.
L.H.
34

(a little less quickly)
Tempo rubato (un peu moins vite)
Mosso
cresc.
Rit.
Mosso
cresc.
A tempo

63
risoluto
dim. molto e rit.
69
più dim.
Primo tempo
73
rit.
a tempo
77
poco a poco cresc.
82
stringendo e sempre cresc.
rit.

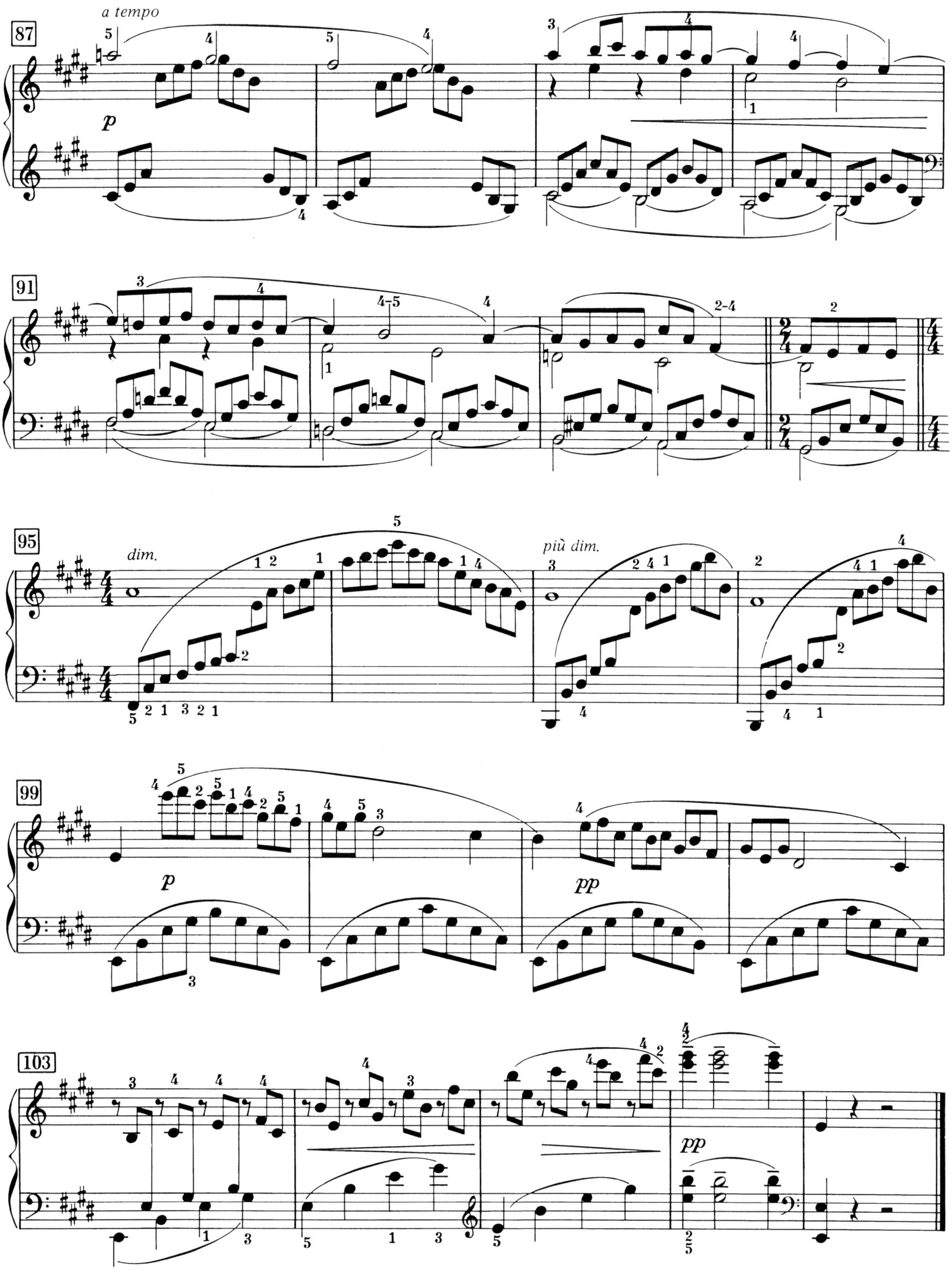
87
a tempo
p
91
95
dim.
più dim.
99
p
pp
103
pp

II

Allegretto scherzando

12
15
18
21
24
cresc.
dim.
molto dim.

27
p
pp
sf
f
31
più f
34
dim.
38
42
cresc.
sf

46
50
54
58
dim. molto
61
a tempo

64
sf
pp
67
p
70
mf
p
mf
p
73

76
en diminuant
80
più dim.
meno mosso
pp
armonioso
84
87
a tempo
pp

91
pp
cresc.
95
più cresc.
molto cresc.
99
rit.
a tempo
f
103
f
più f
dim.
107
p
pp
ppp